AF151394

Violetta Alvarez

Meine Suche nach dem Licht

novum pro

Dieses Buch ist auch als
e-book
erhältlich.

www.novumverlag.com

Bibliografische Information
der Deutschen Nationalbibliothek:

Die Deutsche Nationalbibliothek
verzeichnet diese Publikation in
der Deutschen Nationalbibliografie.
Detaillierte bibliografische Daten
sind im Internet über
http://www.d-nb.de abrufbar.

© 2024 novum Verlag

ISBN 978-3-99146-506-5
Lektorat: Andrea Sprenger
Umschlagfotos: Hospitalera,
Rustamank, Ilyach, Ocusfocus,
Vladimir Ivanov | Dreamstime.com
Umschlaggestaltung, Layout & Satz:
novum Verlag

www.novumverlag.com

Druckprodukt mit finanziellem
Klimabeitrag
ClimatePartner.com/16547-2311-1001

„Ich fesselte mich an einen Mann, der panische Angst davor hatte, verlassen zu werden.

Ich hatte panische Angst davor, Liebe zuzulassen oder die Richtige zu sein.“

∞ die Hoffnung … Ich musste total die Orientierung verlieren, um klar zu sehen. ∞

Inhaltsverzeichnis

Vorwort

Und irgendwann verstand ich, dass es Zeit wurde, eine Tür hinter mir zuzuschließen.

Ich konnte mich entscheiden zwischen mir selbst, meiner Freiheit, meiner Familie, meinen Freunden, meinem Leben oder ihm, einem Leben im goldenen Käfig.

Ich ahnte, dass ich nicht alles haben konnte, ich musste mich entscheiden, sonst würde es mich zerreißen, immer mehr davon entfernen, wie ich eigentlich bin und sein wollte.

Meine innere Stimme, meine Widerworte gegen diese Beziehung wurden immer lauter und ich wurde innerlich immer stärker, mich gegen seine Erniedrigungen zu wehren.

Doch ich hatte Angst und wusste nicht, wie ich diese schwierige Lebensphase bewältigen sollte.

Ich war ihm hörig, ich machte alles, um ihn zufrieden zu stellen und ich ließ es zu, dass er immer wieder meine Grenze übertrat.

Ich konnte diese Situation nicht mehr allein bewältigen und ich musste einsehen, dass ich Hilfe brauchte, und holte mir diese auch.

Ich bin jetzt seit zwei Monaten von ihm getrennt und ich fühle mich so frei und zufrieden wie schon lange nicht mehr.

Ich hatte es endlich geschafft, meine Fesseln an ihn zu lösen.

Ich wollte mich nicht mehr an einen Mann fesseln, der panische Angst davor hatte, verlassen zu werden.

Ich sah ein, dass er mich nur als Besitz sah, den er benutzen konnte, wenn er ihn brauchte und einfach in die Ecke stellen, wenn er ihn nicht brauchte.

Mit Liebe hatte das nichts zu tun.

In einem Moment war er verrückt nach mir und im anderen schubste er mich weg und am Ende ich ihn auch.

Wir standen in einem Abhängigkeitsverhältnis zueinander, das viel Kraft und Lebensfreude kostete.

Ich war süchtig nach dem Schmerz, jemanden haben zu wollen, der mich schlecht behandelte, weil ich mich selbst hasste und dachte, es nicht besser zu verdienen.

Die Liebe ist eine Gradwanderung zwischen Lust und Schmerz.

Und ohne Schmerz ist eine Liebesbeziehung eine Beziehung, die es zu haben nicht lohnt.

Doch wann ist der Schmerz zu groß?

Wann ist genug genug?

Ich redete mir ein, er würde sich ändern, doch erst später erkannte ich, dass ich meine Einstellung zu mir selbst ändern musste.

Ich täuschte mich selbst und sah meine Grenzen nicht mehr.

Doch einfach so, an einem Donnerstag, löste ich meine Fesseln an ihn und begann wieder, endgültig für mich zu kämpfen.

Ich war wieder frei und es war viel Erlesenes daran.

Doch bis dahin war es ein langer Weg, und ich ging immer wieder zu ihm zurück und ließ ihn in mein Bett ...

Ich musste meine Fesseln erst lösen ...

Er bekam mich, indem er mir erzählte, wie toll ich bin und er hielt mich, indem er mir erzählte, wie furchtbar ich bin ...

Der schönste goldene Käfig ist der offene!

Kapitel 1 – Der Plan

Ich hatte einen einfachen Plan für das Leben, ich wollte heiraten und Kinder bekommen, eine Familie gründen mit dem Mann, den ich mit Anfang 20 kennengelernt hatte und mit dem ich für immer zusammenbleiben wollte.

Doch das Leben hatte einen anderen Plan für mich und das war gut so, und wenn ich etwas gelernt habe, dass alles aus einem bestimmten Grund passiert, dann das.

Ich spürte, dass sich etwas in mir veränderte und dass ich mit meinem Leben nicht mehr zufrieden war, ich weinte viel, verschloss mich in meinem Zimmer und *„brach"* über das Leben, was ich zum Kotzen fand.

Ich war zu diesem Zeitpunkt 27 Jahre und ich konnte mich nicht mehr im Spiegel anschauen, ich war davon überzeugt, dass ich kaputt war und vorgeschädigt durch meine Vergangenheit.

Das Einzige, was zu diesem Zeitpunkt zählte, war, dass ich funktioniert habe, ob das nun bei der Arbeit oder zu Hause war.

Überall, wo ich hinkam, trug ich die lächelnde Maske und wollte niemandem zeigen, wie es mir wirklich ging.

Ich vertraute niemandem mehr und am wenigsten mir selbst.

Mein ganzes Leben und meine ganze Verzweiflung darüber, dass alles nicht so läuft, wie ich es geplant hatte, machte mich krank.

Ich konnte nicht mehr schlafen, nicht mehr meinen Hobbys nachgehen, keine Liebe zulassen, und vor allem spürte ich nur Leere und Selbstverachtung darüber, wie ich mich gehen ließ.

Ich hätte schreien können, so verzweifelt war ich, doch hatte ich das Gefühl, es würde nichts bringen, ich konnte meine Gefühle kaum in Worte fassen.

Also fing ich an, alles aufzuschreiben, und versuchte damit wieder Ordnung in meine Gefühle zu bringen.

Doch dies war ein langer Weg und ich konnte ihn nicht mehr allein beschreiten, ich brauchte jemanden, der mir die Augen öffnete, wie hart ich zu mir selbst war, wie sehr ich mich hasste. Ich musste lernen, mich wieder zu lieben und damit auch, mich für andere Menschen zu öffnen.

Ich erkannte damals nicht, dass ich nicht mehr richtig lieben konnte, da alles in mir nach Heilung der alten Wunden schrie und ich dadurch in ein Muster fiel, in das ich niemals fallen wollte.

Ich wurde wie meine Oma, eine Frau, die sich nur über ihren Mann definierte und alles für ihn tat, egal wie erniedrigend er sie behandelte.

Ich wurde zu einem Schatten meiner selbst und fast hätte ich vollkommen aufgegeben.

Aber zum Glück nur fast.

*„Leben ist das, was passiert, während du
beschäftigt bist, andere Pläne zu machen!"*
John Lennon

Kapitel 2 – Meine große Liebe

Ich lebte zu diesem Zeitpunkt also noch mit meinem Partner in einer Beziehung, mit dem ich bereits sieben Jahre zusammen war.

Unser Verhältnis war schwierig geworden und wir hatten uns auseinandergelebt.

Im Prinzip führte jeder sein eigenes Leben und durch die Arbeit in Schichten sahen wir uns kaum.

Ich war zu diesem Zeitpunkt schon sehr depressiv, schlief schlecht, weinte viel und fing wieder an zu brechen.

Ich wollte Nähe, doch suchte er Nähe zu mir, blockte ich ab, und wenn ich wieder Weinanfälle hatte, ging er nur noch weg.

Wir waren beide mit der Situation überfordert und ich fühlte mich nicht mehr als Frau, nicht mehr begehrenswert und als selbstverständlich hingenommen.

Ich fühlte mich nicht mehr lebendig und suchte die Ursache dafür in unserer Beziehung und nicht bei mir.

Ich konnte mich nicht von ihm trennen, weil ich ihn immer noch liebte.

Es konnte aber auch nicht so weitergehen, dieses nicht beachten und nur noch wie Freunde leben, wir hatten auch schon einige Monate keinen Sex mehr.

Ich fühlte mich zerrissen, wie sollte es weitergehen?

Und weiterhin drängte ich ihn, mir endlich einen Heiratsantrag zu machen, endlich nur noch unter der Woche zu arbeiten und nicht mehr auf der Stelle zu treten.

In meiner Unzufriedenheit sah ich gar nicht, wie schlecht wir uns behandelten und wie wir es verlernt hatten, darüber zu reden.

Ich redete nur und er gar nicht mehr.

Die Situation stellte sich als unlösbar dar und ich wollte nur noch weg, so weit weg, wie es nur ging.

Ich fühlte auch nicht mehr, dass er mich liebte, und redete mir ein, es nicht wert zu sein, geliebt zu werden.

Es war ein Teufelskreis und wir hätten reden und uns helfen lassen sollen.

Aber ich entschied mich dafür zu gehen und der Situation zu entfliehen und er ließ mich gehen mit den Worten: „Dann geh und werde glücklich!"

„Manchmal braucht das Herz mehr Zeit, um etwas
zu akzeptieren, was der Kopf längst weiß."
Henry de Montherlant

Kapitel 3 - Zettel am Auto

Es war an einem Montagmorgen, als ich zu meinem Auto ging, um zur Arbeit zu fahren.

Das Auto stellte ich nicht mehr auf meinen Stellplatz, sondern in eine Seitenstraße, damit sich an meinem Leben wenigstens mal etwas änderte.

Eigentlich hatte sich ziemlich viel verändert, ich hatte vor fünf Monaten einen totalen Zusammenbruch.

Ich konnte nicht mehr schlafen und nach drei Tagen absoluter Schlaflosigkeit entschloss ich, mich krank zu melden.

Ich war fünf Wochen zu Hause und machte endlich mal wieder was für mich – Sport, Malen, Schreiben und vor allem raus aus diesem Funktionsmodus.

Ich hatte ungefähr fünf Kilo zugenommen und die Waage zeigte 65 kg, so viel wie noch nie zuvor, und so beschloss ich, etwas zu ändern.

Faul war ich geworden, ging kaum noch zum Sport, saß viel vor dem Fernseher und aß Süßigkeiten.

Das eine oder andere Mal erbrach ich, wie ich es schon in meiner Jugend getan hatte. Seit meinem 14. Lebensjahr litt ich an einer Essstörung – und die Sucht vollständig loszuwerden ist sehr schwer, vor allem bei einem Tiefpunkt, in dem ich mich gerade befand.

Ich war nur noch schlapp, müde, deprimiert, fühlte mich unwohl in meiner Haut und lehnte jegliche körperliche Berührung ab, ich konnte mich so nicht mehr zeigen.

An einem Sonntag spornte ich mich selbst dazu an joggen zu gehen und schon nach einer Runde brach ich fast zusammen.

Mein Herz schlug mir bis zum Hals und ich bekam keine Luft mehr. Dies war meine erste Panikattacke und kurzzeitig dachte ich, ich sterbe.

Am nächsten Tag ging ich nicht auf Arbeit, ich war körperlich und mental nicht in der Lage war.

Ich begann ein Trainingsprogramm der amerikanischen Trainerin Tracy Anderson, welches ich über 90 Tage durchzog.

Ins Fitnessstudio wollte ich nicht gehen, dafür schämte ich mich für meinen unförmigen Körper zu sehr.

Ich fing wieder an zu leben und strahlte dies aus, so lachte ich wieder mehr und wir hatten auch mal wieder Sex.

Trotzdem führte jeder noch sein eigenes Leben, ich war zu Hause und er war arbeiten.

Beim Gedanken an meine Arbeitsstelle bekam ich Panik, ich wollte nicht zurück.

Ich ging zu meinem Arbeitgeber und bat darum, die Einrichtung zu wechseln.

Das klappte auch, und in einer Nacht- und Nebelaktion holte ich meine Sachen und Bücher aus der Einrichtung und verabschiedete mich von niemandem, nur anhand eines Briefes, denn meine instabile Situation ließ dies nicht zu.

In der neuen Einrichtung gefiel es mir gut und ich senkte meine Arbeitszeit von acht auf sechs Stunden und arbeitete immer zur gleichen Zeit.

Meine Probleme lösten sich scheinbar in Luft auf, weil ich meine Bedürfnisse wieder ernster nahm.

In fünf Wochen nahm ich 5 kg ab und hatte fast wieder mein altes, „normales" Gewicht.

Ich fühlte mich leichter, freier und wieder motiviert, mich mehr mit Freunden zu treffen und zum Sport zu gehen.

Ich fing wieder an, mich mehr zu akzeptieren, nur in Bezug auf Partnerschaft war ich unglücklich und offen für ein Abenteuer, für das Spiel mit dem Feuer, an dem ich mir mehr als die „Hände" verbrennen sollte.

Ich entdeckte an meinem Auto einen Zettel und dachte im ersten Moment, es sei ein Knöllchen, obwohl doch hier ein öffentlicher Parkplatz war.

Ich nahm den Zettel und las: „Hallo schöne Unbekannte, ich möchte dich gern kennenlernen. Tom, 1,80 cm, 44 Jahre, sportlich". Seine E-Mail-Adresse und Telefonnummer waren auch dabei.

Im ersten Moment dachte ich, das ist ein Scherz und um Himmels willen so alt und ich bin ja schließlich vergeben, und dann sah ich hinauf zum höchsten Fenster des Wohnblocks und da stand er, oberkörperfrei mit seinem Sixpack und bösem, mysteriösem Blick.

Ich dachte, was für ein Psycho, stieg ins Auto und fuhr zur Arbeit.

„Wie ein loser Zettel, mein Leben für immer
veränderte … für immer."

Kapitel 4 – Zufriedenheit

Ich konnte mich nicht auf die Arbeit konzentrieren und dachte nur an den Zettel, ich fühlte mich gesehen und das war genau die Aufmerksamkeit, die ich brauchte.

Aber das mit dem Fenster fand ich sehr eigenartig und mysteriös. Wollte er mir mit seinem muskulösen Körper imponieren oder mich einfach beobachten?

Das machte mir Angst, aber die Neugier war größer.

Als ich Feierabend hatte, fuhr ich nach Hause und schaute sofort zum Fenster, aber da war niemand.

Ich ging wieder langsam in die Wohnung, ich wusste ja, es ist niemand da, und in dem Moment, als ich die Tür öffnete, war ich traurig und fühlte mich einsam.

Ich las den Zettel noch einmal und legte ihn in das Tagebuch, das ich von meiner Freundin geschenkt bekommen hatte.

Ich zeigte meinem Freund den Zettel und er sagte: „Was für ein alter Lustmolch" und ging zur Tagesordnung über, ich glaube, ich war schon enttäuscht, ich wollte eine Reaktion und Eifersucht, aber nichts, so egal war ich ihm.

Er war gerade fünf Minuten zu Hause und schon schaltete er die Playstation ein. Ich war eifersüchtig auf dieses Ding und manchmal hätte ich es nehmen und aus dem Fenster schmeißen können, damit er mich mal sah und wahrnahm.

Doch er sah mich nicht, war gestresst von der Arbeit und ich ging ihm zusätzlich auf die Nerven. Nach dem Spielen ergriff er die Flucht und ging zum Sport.

Ich weinte, doch er ging einfach ohne ein Wort.

Ich saß also wieder allein auf der Couch und beschloss, mein Tagebuch zu holen und mir meinen Frust von der Seele zu schreiben.

Als ich das Buch öffnete, kam mir gleich der Zettel entgegen und ich beschloss, aus Nettigkeit zurückzuschreiben, damit er wusste, woran er bei mir ist.

Ich schrieb also: „Danke für den süßen Zettel. Doch ich bin erst 27 Jahre und vergeben."

Er schrieb sofort zurück: „Danke für die Antwort und das dachte ich mir schon, dass so eine hübsche Frau einen Freund hat. Ich hätte dich sehr gerne kennengelernt."

Irgendwie gingen mir die Worte unter die Haut. Er gab mir, was ich am nötigsten brauchte, und das war Aufmerksamkeit.

Es war wie ein Drang zurückzuschreiben: „Ich habe zwar einen Freund, aber das heißt nicht unbedingt, dass ich glücklich bin".

Und das war der Anfang vom Ende. Wir texteten den ganzen Abend lang hin und her.

Ich erfuhr, dass er in Scheidung liegt, zwei Kinder hat, Basketball spielt, viel Kraftsport macht und gerade vor zwei Monaten in diese Wohnung gezogen ist.

Mir war diese Wohnung bekannt, denn dort hatte ich auf ein kleines Mädchen aufgepasst, was ich manchmal neben der Arbeit tat, um noch finanziell besser dazustehen.

All dies, was mich am Anfang abschreckte, das Alter, war mir jetzt plötzlich egal, auch dass er Kinder hatte.

Es tat so gut, dass sich endlich mal wieder wer für mich interessierte.

Wir schrieben drei Tage ununterbrochen und ich fühlte mich endlich wieder am Leben und begehrenswert.

Er machte mir viele Komplimente und das gefiel mir, im Nachhinein war ich sehr naiv, ich ließ mich blind auf einen Mann ein, obwohl ich am ersten Tag schon Angstgefühle hatte, so verzweifelt war ich.

Ich habe verzweifelt nach Liebe und Anerkennung gesucht, wie ich sie von meinen Eltern nie bekommen habe – erst später verstand ich, dass niemand in der Lage war, mir die zurückzugeben.

Er schickte mir Bilder von sich und er sah muskulös aus, doch sein Gesicht sah ich leider nicht, da er eine Sonnenbrille trug.

Aber irgendwie gefiel es mir, es war spannend und endlich mal Aktion in meinem Leben, und das mit dem Zettel war auch wie im Film.

Manchmal wünschte ich mir ein Leben wie im Film und das wurde auch so, doch leider wurde aus dem Liebesfilm ein Horrorfilm.

Und ich begann zu verstehen, dass ich vorsichtig mit dem Wünschen sein sollte.

Ich wünschte mir in diesem Moment Aufmerksamkeit und die gab er mir.

Er wollte auch ein Foto von mir haben, doch ich konnte zu diesem Zeitpunkt noch keins schicken, da ich noch kein Smartphone hatte.

Also ließ ich mich überreden, eins in den Briefkasten zu schmei-
ßen.

Er war begeistert und machte mir noch mehr Komplimente.

Eine Woche lang schrieben wir uns jeden Tag und er kannte
vom ersten Tag an mein Auto, einfach alles über mich, und erst
später begriff ich, wer weiß wie lange er mich schon beobachtet
hatte, sicher studierte er schon da meinen genauen Tagesablauf.

Ich wusste jetzt auch, welches Auto er fuhr, einen bronzenen
BMW, doch richtig gesehen hatte ich ihn noch nicht bis auf dem
Blick am Fenster noch nicht.

Er begann immer mehr zu fragen: „Wollen wir uns treffen?"

Ich war mir nicht sicher, aber ich war so oft allein und ich war
gespannt, wie er sein würde?????

Also machte ich es eines Tages ...

„Das Leben ist wie ein Film. Nur das Genre
kannst du dir nicht aussuchen."
Leonardo di Caprio

Kapitel 5 – Spiel mit dem Feuer

Mein Herz schlug bis zum Hals, als ich zu seinem Block ging.

Es durfte mich niemand sehen, da von meinem Freund der Freund ebenfalls in diesem Block wohnte.

Er öffnete mir die Tür und hatte eine Rose in der Hand und war erstmal still und abweisend, das verwirrte mich.

Nach einiger Zeit begannen wir uns zu unterhalten, und als ich ging, sagte er mir, wie großartig er mich fand und dass ich sehr bald wiederkommen solle.

Das machte ich auch jeden Tag, die ganze Woche.

Einmal machte er mir Rührei, also ein schönes Frühstück, und hatte auch immer eine kleine Aufmerksamkeit.

Wir redeten viel über mich, über meine Kindheit, meine Beziehung, meine Ängste, meine Schwächen, und er hörte wohl ganz genau hin und merkte sich alles.

Ich zeigte ihm, wie verletzt ich war, und er nutzte dies aus, indem er mir Beachtung schenkte.

Hatte er mich, ließ diese Beachtung nach, und er wollte nur beachtet werden, und zwar nur er.

Er erzählte kaum etwas über sich, zwar über seine Frau und Kinder, zeigte dabei aber kaum eine Emotion.

Er schrieb mir unendlich viele SMS, wie wunderschön und begehrenswert er mich fand.

Jeden Tag ging ich unter Adrenalin zu ihm und der Kick war so groß, denn es sollte mich niemand sehen, denn wir wohnten nur die Straße gegenüber.

Dieses Gefühl war mir fremd, aber irgendwie gut, unberechenbar und gefährlich!!!!!

Aber auch meine Schuldgefühle gegenüber meinem jetzigen Freund wurden größer und er wollte mehr als reden.

Aber das konnte ich ihm nicht antun, ich wollte doch nur, dass er mich sieht und um mich kämpft, aber dieser Wunsch wurde nicht erfüllt.

Im Nachhinein verstehe ich erst, dass unsere Beziehung schon kaputt war und beide aufgegeben hatten, aber keiner wagte den ersten Schritt zu machen, wir ließen es einfach laufen.

Eine Trennung war fast unumgänglich, aber sich gleich wieder in etwas Neues zu stürzen war ein Fehler.

Ich gab alles auf und ging mit nichts zu ihm und so wurde ich nach einer Zeit zu einem Niemand. ich ergab mich seinen Bedürfnissen für Aufmerksamkeit.

Das letzte, was ich mit meinem Freund machte, war ein Ausflug nach Hamburg, der unsere komplette Beziehung widerspiegelte.

Er ging abends noch weg und flirtete auch mit einer anderen Frau, was er mir im Nachhinein erzählte.

Ich wollte früh los, aber er schlief noch.

Sonst hätte ich ihn aus dem Bett geschmissen, aber dazu hatte ich keine Kraft mehr und ich ging allein spazieren.

Auf der Fahrt redeten wir kein Wort miteinander.

Das Hotel gefiel uns, also hatten wir ein schönes Abendessen.

Abends im Bett drehten wir uns den Rücken zu.

Wir machten einen Ausflug ins Hamburg Dungeon, und dort wurden Fotos von uns gemacht, wo ich ihm „sinnbildlich" den Kopf abhackte, und dann mussten wir auch noch eine Reise durch Hamburgs Geschichte auf dem Anklagestuhl machen.

Ich wurde auf die Reise geschickt und als Hexe angeklagt, so fühlte ich mich auch.

Dann hatten wir noch Musicalkarten und kamen zu spät und sollten uns noch einzeln setzen.

Zur Krönung hatte er mein Geburtstagsgeschenk vergessen.

Es war ein Teufelskreis mit uns, wir versuchten es, aber irgendwie ging alles schief.

Ich wollte nur weg und nahm mir nicht die Zeit zum Trauern und erstmal für mich sein.

Ich verstand erst viel später, dass Schluss war, und dann traf es mich umso heftiger.

Ich fragte mich immer: „Was wäre, wenn ich geblieben wäre?"

Doch diese Frage bringt mir nichts, ich werde sie nicht erhalten und mich damit zu quälen ließ mich lange auf der Stelle treten.

Ich wollte nicht mehr weinen, dass es vorbei war, sondern froh sein, dass wir ein Stück gemeinsam gegangen sind und uns wirklich geliebt hatten und es nun Zeit war, ein neues Kapitel aufzuschlagen ...

„Spiel nicht mit dem Feuer, wenn du nicht weißt,
wie du es löschen kannst."

Kapitel 6 – Der Auszug

Als wir nun von Hamburg zurückkamen, wusste ich, es war Zeit für ein Gespräch, am Abend im Bett fand ich den Mut dazu, aber er wollte es nicht hören und sagte: „Sag es mir morgen."

Also gleich am Morgen erzählte ich ihm von meinem Treffen mit ihm, dass aber bis auf Reden nichts passiert war.

Ich hoffte, dass er mich zurückhielt, aber er sagte nur: „Geh und werde glücklich."

Ich nahm also ein paar Klamotten, Möbel und mich und ging zu dem Verfasser des Zettels in das gefährliche Leben, ohne richtig darüber nachzudenken und ohne Sicherheiten.

Es sollte eine Zeit des Aufgebens werden, in der ich nur von Ort zu Ort zog, um endlich von ihm wegzukommen.

Doch erst kam die Zeit des Verliebtseins, die rosarote Brillen-Zeit …

„Tür zu. Welt aus. Altes Leben."
Gisela Baltes

Kapitel 7 - Rosarote Brille

Ich war jetzt also bei ihm, einem 44-jährigen Mann, und alles schien so wunderbar, er nahm sich Zeit für mich, wir machten Ausflüge und kochten zusammen.

Das Leben schien es gut mit mir zu meinen.

Alles ging von selbst, die Arbeit, der Haushalt, und ich hatte auch endlich wieder eine gute Figur, die ich hielt, und begann Sport exzessiv zu betreiben, ich wollte attraktiv für ihn bleiben und er zog mich oft wegen meiner Speckrollen auf.

Ich hatte nicht mehr diese Momente, wo ich gestresst von der Arbeit kam.

Alles war so einfach und ich war so zufrieden mit mir selbst.

Ich dachte damals, das liegt nur an ihm und seiner Fürsorge.

Ich sah nicht, dass ich zufrieden war, weil ich mich selbst und meine Bedürfnisse ernst nahm.

Doch leider entfernte ich mich auch immer mehr von meiner Familie und Freunden und machte Sport mit ihm zu Hause, im Studio gab es ja jüngere Männer, die hätten mich ansprechen können.

Ich verbrachte nur noch Zeit mit ihm und verliebte mich Hals über Kopf in diesen Mann, oder in das Bild, was ich mir von ihm machte.

Er war der „Prinz", der das unglückliche „Prinzesschen" wieder glücklich machte.

Er war der Retter in der Not.

Damals glaubte ich wohl noch an „Sie lebten glücklich bis an ihr Lebensende".

Erst heute habe ich verstanden, dass dich kein Mann dieser Welt glücklich machen kann, wenn du es nicht selbst bist.

Wir alle brauchen Liebe, keine Frage, aber Liebe fängt immer bei einem selbst an.

Er verstand es jedenfalls sehr gut, mich von ihm zu überzeugen, und ich sah nur noch ihn und wollte mit ihm zusammen sein, begann mich unterzuordnen und mich von ihm abhängig zu machen.

Und das Schlimmste, ich vergaß wieder selbst, was ich eigentlich wollte ...

> *„Die Liebe ist ein Stoff, den die Natur gewebt und*
> *die Fantasie gestrickt hat."*
> *Voltaire*

Kapitel 8 – Dünn sein

Vier Wochen waren vergangen, seit ich den Zettel am Auto gefunden hatte, und ich hatte mein „anderes" Leben hinter mir gelassen und war bei ihm.

Die meiste Zeit waren wir nur zu zweit, aber ich wollte, dass er Freundinnen von mir kennenlernte und ich seine Kinder und seinen Bruder.

Er verhielt sich sehr still beim Treffen und die Mädels erzählten von einer Party, wo sie mit mir hinwollten.

Als sie gegangen waren, wurde er laut: „DU gehst nicht zu dieser Party, du sollst doch viel lieber bei mir bleiben, oder ich gehe mit!" „Du bist MEIN!"

Ich erschrak über diesen Ton und sagte erstmal gar nichts.

Dann hatte ich noch eine Freundin eingeladen, ich bemerkte, wie er sie die ganze Zeit beobachtete, und als sie ging, sagte er: „Die ist ja viel schlanker als du!"

Ich ging weder auf die Party noch aß ich besonders viel.

Er trainierte mich sehr hart und zweimal die Woche ließ er mich zum Kurs ins Studio. Kam ich aber fünf Minuten später nach Hause, gab es Ärger. Also war ich ständig nur unter Druck, um immer pünktlich bei ihm zu sein.

Ich wurde immer dünner. Mal sagte er mir: „Du siehst großartig aus!" und im gleichen Atemzug: „Das wird sowieso nicht für ewig halten, durch deine fehlende Disziplin beim Essen nimmst du wieder zu!"

Mein Hungergefühl nahm ab und damit auch immer mehr meine Lebensfreude und Energie. Ich machte nur noch, was er sagte.

Nur ein Moment ließ mich wieder zur alten Stärke finden.

Ich fuhr zu meiner Oma, um sie zu besuchen, und ich weiß nicht, ob es ein Wink oder eine Eingebung war, ich drehte mich um und da stand er hinter mir. Er war mir nachgefahren mit seinem Lieblingsstück, seinem BMW.

Ich drehte mich um und sagte: „Das ist nicht dein Ernst, dass du mir hinterhergefahren bist!" und klingelte bei meiner Oma und schlief auch diesen Abend dort.

Ich beantwortete keine seiner tausend SMS. Er sollte verstehen, dass es so nicht weitergeht.

Ich hoffte, dass mir dieses Erlebnis endlich die Augen öffnete, aber ich war zu schwach, um standhaft zu bleiben …

„Sich hässlich fühlen – Die Tücken der Körperbildstörung."
Tamara Niebler

Kapitel 9 – Kette der Abhängigkeit

Am nächsten Tag musste ich wieder zu ihm zurückfahren, da ich keine Klamotten mehr hatte.

Er wartete schon auf mich mit einem Geschenk, einer silbernen Kette mit Herzanhänger, mit dieser wollte er mich an sich binden.

Er entschuldigte sich bei mir und erklärte mir, warum er so eifersüchtig sei und dass er mich über alles liebe.

Er erzählte mir, dass er bereits 19 Jahre mit seiner Frau zusammen gewesen sei und dass sie seine erste Freundin gewesen sei und er bis jetzt noch keine andere Frau gehabt habe.

Sie habe zwei unterschiedlich große Brüste gehabt und hatte sich diese operieren lassen. Durch dieses neue Selbstbewusstsein habe sie sich einen neuen Mann gesucht und sei ihm fremdgegangen.

Er habe sich fast zur gleichen Zeit einer Vasektomie unterzogen, für sie, damit sie keine Pille mehr nehmen müsse, denn damit ginge es ihr gesundheitlich nicht gut.

Und dass er nach all diesen Erlebnissen versucht habe, mit dem Auto gegen die Wand zu fahren, es dann aber nicht gemacht habe und ausgezogen sei.

Er sei froh, es nicht getan zu haben, sonst hätten wir uns nicht kennengelernt und ich sei jetzt seine große Liebe und er wolle mich niemals verlieren.

Dann legte er mir die Kette um den Hals und sagte: „Nimm sie nie wieder ab, sie wird uns für immer aneinanderbinden!" und er würde mir nie wieder hinterherfahren und mir vertrauen.

Das hielt auch eine Zeit lang, aber unterschwellig versuchte er mich immer zu kontrollieren und kleinzuhalten.

Wir hatten in dieser Zeit unglaublich viel erregenden Sex und das ganz oft mehrmals am Tag, er war unersättlich und schaffte es fast jedes Mal, mich zum Höhepunkt zu bringen.

Ich war wie im Rausch, seine Kontroll- und Machtspiele nahm ich gar nicht mehr wahr.

Meine Freunde spürten dies aber, wie ich mich veränderte, nur noch das tat, was er wollte und ich auch hauptsächlich nur noch Zeit für ihn hatte. Ich konnte sie besuchen, aber nur ohne ihn.

Es gab nur noch uns und irgendwie gefiel es mir, dass keiner an unsere Liebe glaubte und wir in unserer Blase lebten.

„Wenn du an jemand hängst, nur weil du
abhängig bist, werde unabhängig!"
Monika Kühn- Görg

Kapitel 10 – Portugal-Urlaub

Diesen Urlaub wollte ich eigentlich mit meinem langjährigen Freund verbringen, aber mit einer Pauschale buchten wir den Urlaub auf um.

Es sollte ein Urlaub voller Leidenschaft werden, aber ich hatte auch das Gefühl, immer mehr im goldenen Käfig eingesperrt zu sein, wurde stärker. Meine Sehnsucht nach Freiheit wurde immer größer, ich wollte mal allein zu einem Leuchtturm spazieren, das wollte er aber nicht.

Es gab aber auch noch einen Teil, der genoss diese Abhängigkeit von ihm, der kindliche, dass er mir auch Entscheidungen abnahm und mich führte und mir Sicherheit gab, so, wie ich es als Kind gebraucht hätte.

Wir landeten auf der Insel und die ganze Zeit hielt er meine Hand und sagte, wie sehr er mich liebe, wie schön ich sei, und versprach mir, dass wir uns ein Auto mieten würden, um die Insel zu erkunden.

Zuerst legten wir uns an den Pool und als er mich im Bikini sah, meinte er: „Du hast aber ganz schön zugelegt, deine Röllchen werden immer mehr."

Ich wollte es nicht glauben, denn ich war doch in der Form meines Lebens, dennoch schenkte ich seinen Worten Glauben und wurde unsicher, was er damit bezwecken wollte.

Wir gingen also jeden Tag am Morgen zusammen in das Fitnesscenter der Hotelanlage. Einmal sprach mich ein Fitnessanimateur an, was ich am liebsten trainiere oder wo er mir noch Übungen zeigen kann.

Ich fragte ihn nach Bauchübungen.

Er zeigte mir welche, aber sagte auch, ich hätte es zwar nicht nötig, aber er kann mir welche zeigen.

Diese Worte befriedigten mich und er gefiel mir sehr. Seine positive Ausstrahlung führte dazu, dass ich mich wieder wohl in meiner Haut fühlte.

Worte können mich beflügeln oder tief fallen lassen und meine Unsicherheit bezüglich meines Körpers ließ viel zu viele negative Gedanken zu und ich konnte mich nicht davor schützen.

Wir gingen danach nicht mehr ins Studio und er wusste genau, welche Knöpfe er wieder bei mir drücken musste, damit ich ihm wieder hörig wurde.

Er drückte seine Ängste gezielt aus, dass ich ihn früher oder später für einen Jüngeren verlassen würde, und ich hatte wieder ein schlechtes Gewissen und machte natürlich, was er wollte.

Dann erzählte er mir auch wieder, wie schlank ich sei und kaufte mir zwei besonders enge Kleider, in denen ich wunderschön aussah. Wir genossen unsere verbliebene Zeit.

Jeden Morgen, jeden Abend und zwischendurch hatten wir leidenschaftlichen Sex und ich war in Ekstase.

Ansonsten sahen wir uns die Insel an und fuhren zu einem Leuchtturm, mit traumhaftem Blick auf das Meer.

Auf viele Partys gingen wir noch und lernten auf einer ein Ehepaar kennen, in seinem Alter, die mit ihrem 20-jährigen Sohn Urlaub machten.

Wir tanzten die ganze Nacht durch und saßen am nächsten Tag zusammen am Tisch. Der Sohn erzählte von seinem weiteren Leben, was er noch für Pläne habe und dass er einfach glücklich sein wolle.

Mir gefiel sein Reden, da ich schon lange überlegte, den Job zu wechseln und mal was Neues zu probieren.

T. war außer sich und brüllte auf unserem Zimmer: „So ein Träumer, man muss doch Geld verdienen und arbeiten gehen, das macht nicht immer Spaß!"

Er machte mich fertig und mir klar, wie naiv und träumerisch ich war, dass er mich nicht unterstützen würde, wenn ich den Beruf wechsle, denn wir bräuchten Geld

Von diesem Tag an saßen wir nicht mehr mit den anderen am Tisch und machten nur noch was zu zweit.

Ich versprach ihm, bei meiner Arbeit zu bleiben, und er war wieder der perfekte Liebhaber.

Er offenbarte mir zum ersten Mal, dass er den Traum habe, ein Haus mit mir zu kaufen.

Ich sagte lieber nicht, dass ich das überhaupt nicht wollte, weil ich aber wusste, das würde zum Streit führen, lächelte ich nur und äußerte mich nicht.

Die Tage vergingen und es war Zeit für den Rückflug ...

„Reisen ist die Sehnsucht nach dem Leben."
Inge M. Berthold

Kapitel 11 – Adel-Tawil-Konzert

Als wir wieder zu Hause ankamen, war ich voll mit unterschied-
lichen Gefühlen, als Liebespaar waren wir großartig, aber so-
bald andere Personen dazukamen oder ich nicht so „tickte", wie
er wollte, kam das Monster zum Vorschein und ich machte al-
les, dass es nicht zu Streitigkeiten kam.

Was zum Scheitern verurteilt war.

Aber erstmal stand noch ein schönes Ereignis vor der Tür, wir
hatten Karten für meinen Lieblingssänger, dessen Titel ich rauf
und runter hörte.

Mein Lieblingssong von seinem derzeitigen Album war „Kar-
tenhaus", welcher unsere Beziehung perfekt widerspiegelte –
in einem Moment traumhaft und im nächsten die Hölle. Die
schönen Momente waren nur Momentaufnahmen und es war
nur noch eine Frage der Zeit, bis alles zusammenbrechen sollte.

Aber dieser Abend sollte traumhaft werden. Den ganzen Abend
hielt er meine Hand und ich fühlte mich so glücklich wie selten
in meinem Leben.

„Mit der richtigen Musik kannst du alles vergessen …
oder dich an alles erinnern."
Visual Statments

Kapiteln 12 – Kennenlernen seiner Töchter und Besuch von seinem Hund

Da wir jetzt schon länger zusammen waren, war es an der Zeit, seine zwei Töchter kennenzulernen.

Ich war ziemlich aufgeregt vor dem Treffen. Zuerst sollte ich seine größere Tochter mit 19 Jahren kennenlernen, die somit fast in meinen Alter war.

Aber alle Zweifel waren unbegründet, wir haben auf dem Balkon zusammen eine geraucht, obwohl ich sonst nicht rauche, nur früher mal, wenn ich betrunken war. Es war ein großartiges Gespräch, sie war froh, dass ihr Vater wieder glücklich war nach dem Seitensprung ihrer Mutter.

Eine Hürde war geschafft. Jetzt noch die jüngere Tochter, die 14-jährige.

Noch im Teenager-Alter, sicher genauso zickig oder wortkarg wie ich damals.

Zuerst mal war sie wunderschön, wie gemalt. Perfekte Gesichtszüge, lange, blonde Haare, eine Traumfigur und noch sehr lieb.

Da begann ich mir zum ersten Mal Gedanken darüber zu machen, wie seine Frau wohl aussehen mag.

Die Jüngste war richtig schüchtern und hat tatsächlich noch heiße Schokolade getrunken und sich über Schokoriegel gefreut. Wir waren mit ihr im Kino und bei McDonald's.

Ich wunderte mich aber sehr darüber, wie reif sie vom Optischen wirkte und vom Charakter noch sehr kindlich.

Ich war erstmal froh, dass beide Treffen sehr gut funktionierten.

Dann haben wir den Hund seiner Kinder für eine Woche in Obhut genommen, da sie in den Urlaub fahren wollten.

Die Woche war wunderschön, der Hund ein treuer Begleiter und das Spazierengehen machte mir sehr viel Spaß. Es brachte mich raus aus meinem Gedankenkarussell.

Ich machte mir zum ersten Mal Gedanken, mir auch einen Hund zu holen.

Aber würde ich das denn hinbekommen, mich um ein Lebewesen zu kümmern?

Ich kam doch oft mit mir selbst nicht klar.

„Ein Hund weiß nicht, wie man Liebe schreibt.
Aber er weiß, wie man sie täglich zeigt.“
lieblinggsgedanken.de

Kapitel 13 – Eine furchtbare Nacht – erster Versuch zu gehen

Nach seinen Kindern sollte ich nun seine drei Brüder kennenlernen, die beide zusammenwohnten, was schon merkwürdig war.

Ich hatte ein komisches Gefühl, schon als ich die Wohnung betrat. Die drei waren Alkoholiker und wie er auch, das bekam ich an diesem Abend das erste Mal zu spüren.

Er war immer schon mal gereizt, wenn er zu viel Bier getrunken hatte, aber an diesem Abend war es so viel, dass ich richtig Angst vor ihm hatte.

Sie waren laut und erzählten von ihrem schrecklichen Schicksal. Er sagte: „Wenn du mich jemals verlässt, mache ich dich fertig!"

Ich wollte gehen, doch er ließ mich nicht.

Erst als die vier eingeschlafen waren, nahm ich den Schlüssel aus seiner Jacke und ging in seine Wohnung. Ich wollte meine Koffer packen, weil er mir so Angst machte. Zum ersten Mal sah ich sein aggressives Gesicht und unzufriedenes Wesen in vollem Ausmaß.

Ich war so durcheinander und packte tatsächlich schnell alles ein, ich wollte weg sein, bevor er zurückkam.

Dabei hatte ich mich ausgesperrt und meine Freundin angerufen, ob sie mich abholt.

Ich hatte nun auch keine Wohnung und keine Möbel, wo ich hinkonnte.

Ich war panisch und aufgebracht, er sollte nicht nach Hause kommen.

Ein Glück kamen der Schlüsseldienst und meine Freundin rechtzeitig.

Ich hinterließ einen Brief, dass ich ihn nie wiedersehen wolle.

Meine Freundin brachte mich zu meiner Oma, da konnte ich erstmal schlafen, was ein paar Tage hielt, und dann fühlte ich mich heimatlos und unwohl.

Er entschuldigte sich für den Abend und gab mir das Versprechen, dass es niemals wieder vorkam.

In meiner Einsamkeit glaubte ich ihm und ging zurück zu meinen inneren Dämonen, weil ich mich doch einfach nur nach Beachtung und Liebe sehnte, die er mir gab.

„Narzissten werden nicht geboren, sondern aus bestimmten schwierigen Umständen heraus, denen sie in ihrer Kindheit oder Jugend ausgesetzt waren, erschaffen."
Starke Gedanken.de

Kapitel 14 – Kur und Abbruch der Kur

Wir kehrten zurück zu unserer Normalität und machten alles zusammen und liebten uns viel und heftig, bis zur Schmerzgrenze in jeglicher Hinsicht.

Ich begann mich immer mehr aufzugeben und machte bis auf Sport gar nichts mehr für mich, ich machte mich überall rar und meine einzige Aufgabe bestand in seiner Befriedigung.

Jeder sprach mich darauf an, wie schlecht ich aussähe, wie ich körperlich und seelisch abnahm.

Doch ich wollte dies nicht wahrhaben, ich genoss meine Blase mit ihm und vergaß die Welt um mich.

Er trank wieder nicht so viel und wollte mich unbedingt davon überzeugen, einen Kredit für ein Haus aufzunehmen.

Ich war zwar gedanklich nur bei ihm, aber dann wachte ich doch mal auf und sagte: „Nein". Nur eine gemeinsame Wohnung wäre ein Kompromiss für mich.

Vor einiger Zeit hatte ich eine Kur beantragt, da ich auf der Arbeit zusammengebrochen war und die Einrichtung wechselte. Nun war es Zeit, diese zu beginnen.

Er war nicht davon begeistert, aber sie war genehmigt und ich sah zum Glück die Chance, endlich mal wieder für mich zu sein und mir Gedanken machen zu können.

Ich ließ mich zur Kur fahren und versuchte, seinen Unmut hinter mir zu lassen und mich endlich mal wieder auf mich zu konzentrieren. Allerdings behielt ich die Wohnungssituation im Hinterkopf.

> *„Es ist nie zu spät, für das zu kämpfen,*
> *was einem wirklich wichtig ist."*
> *Lieblingsmensch*

Kapitel 15 – Zusammenziehen in „Traumwohnung"

Ich verließ die Kur, die mir Gesundheit und Klarheit bringen sollte, für ihn, für ein Leben im goldenen Käfig.

Wir richteten die Wohnung sehr steril ein, es gab kaum Persönliches oder Fotos, so war auch unsere Beziehung irgendwie kalt und abweisend und nur voneinander abhängig.

Unsere Blase fing an zu platzen, mir reichte es nicht mehr, allein zu sein, mir fehlten meine Freunde und das Lachen.

Oft ging ich durch die Wohnung und hielt es nie lange in einem Raum aus, ich kam einfach nicht an und fühlte mich wie ein Fremdkörper in dieser.

Alles, was ich großartig fand, die Größe der Räume, das Turmzimmer, war für mich einfach erdrückend und er bemerkte es und wurde wieder aufmerksam, aber sogar das brachte mir keinen Seelenfrieden zurück, ich wurde immer trauriger und zog mich immer mehr in mich selbst zurück, ich las wieder viel und hatte schwarze Gedanken.

Ich hatte aber keine Kraft, etwas zu ändern …

„Eine Hütte, in der man lacht, ist besser als ein Palast, in dem man weint."
Debeste

Kapitel 16 – Garten-Lakaien-Zeit

Der Sommer kam ins Land und ich war inzwischen vollkommen abhängig von ihm, ich funktionierte nur noch, wie er wollte, und so gab es kaum noch Probleme mit seiner Eifersucht, ich war nur noch körperlich anwesend, meine Seele war verborgen.

Zum ersten Mal tauchte seine Frau in unserer Wohnung auf und sie flehte ihn an zurückzukommen, ich lauschte dem Gespräch und ein Teil von mir hoffte, dass er es tat.

Dann stand sie aber vor mir, so hübsch und schlank und ich wollte, dass er bei mir blieb, aber nur deswegen, weil ich die Bessere und Schönere sein wollte, damit ich die erste Wahl war. Und zum ersten Mal kamen mir die Gedanken, dass wir gar nicht so unterschiedlich waren, wir hatten beide Ängste vor Verletzung unserer Gefühle, die schon zu oft auf die Probe gestellt wurden.

Wir waren nur noch bei seinen Brüdern im Garten und sie tranken bis zur Bewusstlosigkeit, um ihre negativen Gedanken zu vergessen, ich beobachtete dies, ob ich gar nicht anwesend war, was war aus meinem Leben geworden?

Wir sollten für sie Bier kaufen und taten dies – wie Lakaien ohne Gehirn.

Eines Abends schaute ich in den Spiegel und ich sah kein Lächeln mehr, nur Verzweiflung, hasste ich mich so sehr, dass ich mit Alkoholikern abhing, oder war es einfach das, was ich kannte, aber doch verabscheute, weil meine beiden Opas Probleme mit Alkohol hatten?

Aber es war Normalität geworden und meine Flamme brannte in diesem Moment so schwach, dass ich es über mich ergehen ließ.

Bis an einem Abend auch mal so viel trank, dass ich das ganze Bad voll brach.

Die Freundin seines Bruders hielt mir die Haare und ich schrie nach meinem Ex, wie sehr ich ihn vermisste, so fasste er mich so grob an, dass ich einen blauen Fleck hatte.

Ich entschuldigte mich und machte wieder alles für ihn, aber meine Gedanken waren bei einer Zeit, wo ich glücklich und frei war.

Ich hatte Angst ihm gegenüber entwickelt und hielt mich deshalb zurück, das einzig Tröstende waren meine Gedanken an ein besseres Leben und Musik zu hören, um zu vergessen, in welch schwieriger Lage ich war ...

„Wer die Freiheit aufgibt, um Sicherheit zu gewinnen,
wird am Ende beides verlieren."
Benjamin Franklin

Kapitel 17 – Timmy, mein Lichtblick – mein treuster Freund

Ich wurde zunehmend trauriger und ruhiger und das bekam er wohl auch mit.

Eines Nachmittags kam er zu mir und sagte: „Ich will dich nicht mehr so traurig sehen und wir fahren heute ins Tierheim und schauen Mops-Welpen an, vielleicht suchst du dir einen aus, denn mit meinem Hund wirktest du glücklicher, du brauchst jemanden, um den du dich kümmern kannst."

Ich fand es zwar eine schöne Idee, aber auch gleich kamen wieder die altbekannten Zweifel, ob ich das hinbekam mit einem Hund.

Wir schauten uns die Welpen an, aber ich fand, die waren viel zu unruhig und aufgedreht und zwickten mich in den Finger, kein gutes Gefühl.

Wir fragten nach einem jüngeren Hund, der vielleicht schon stubenrein war und dann zeigte uns der Tierheim-Besitzer Timmy.

Timmy saß ruhig in der Ecke und sogar mit dem Rücken zu uns gewandt und er wollte sich auch vom Tierheimbesitzer nicht anfassen lassen und wirkte sehr verängstigt.

Ich fühlte mich ihm sehr nah, so verloren und einsam, und wollte aus dieser Opferrolle raus.

Ich ging also ganz langsam auf Timmy zu und berührte sein schwarz-weißes Lätzchen, er sah mich dabei nicht an.

In diesem Moment wusste ich, dass Timmy mein Hund war, denn wir waren seelenverwandt durch unsere Einsamkeit.

Wir nahmen ihn noch an diesem Tag mit und ich blühte mit ihm wieder auf und er mit mir.

Er wurde mein treuer Freund und Begleiter, er lernte es wieder, geliebt zu werden, und fing an, wieder zu bellen, was er am Anfang nicht getan hatte.

Zwei verlorene Seelen mit dem Gefühl desVerlassen seins und dem Schmerz darüber.

Timmy war das Schönste, was mir in dieser Beziehung widerfahren ist, ohne ihn hätte ich nicht den Mut dazu gehabt …

„Hunde hinterlassen Fußspuren im Herzen.“
Pinterst.com

Kapitel 18 – Urlaub in Griechenland – Ebenbild seiner Frau

Ich hatte meine eigenen Bedürfnisse vollkommen heruntergeschraubt, ich befriedigte nur noch seine Bedürfnisse in der Hoffnung, dass so wieder Harmonie zwischen uns einkehrt.

Aber das war nicht so, je mehr ich schwieg, desto unangenehmer wurde die Situation zwischen uns, denn er spürte meine Unzufriedenheit und ich seine.

Es war viel Disharmonie zwischen uns und wir stritten über Kleinigkeiten, wobei ich meist verstummte, da ich keine Kraft mehr für diese Machtspielchen hatte, ich ließ ihn einfach gewinnen.

Ein kleiner Lichtblick war unser bevorstehender Urlaub in Griechenland, denn damals auf Portugal war alles wundervoll, irgendwie neigte ich aber dazu, im Nachhinein alles zu verschönern oder mich nur noch an das Gute zu erinnern, denn bereits da gab es Probleme.

Die Insel war so wunderschön und ich verspürte zum ersten Mal wieder den Drang, mal öfter was ohne ihn zu machen und Zeit für mich zu haben, um einen Spaziergang am Strand zu machen.

Er wurde aggressiv: „Du gehst nicht allein, wir sind hier zusammen im Urlaub!"

Ich knickte wieder ein und ließ mein Vorhaben.

Zum Abendessen sahen wir eine Frau, die war das Ebenbild seiner Frau und er sagte es ganz offen, wie schön er diese Frau finde und wie schlank diese doch sei und ich solle mal lieber auf-passen, meine Speckrollen würden auch immer größer!

Diese Worte ließen mich wieder zu Boden fallen und meine Selbstzweifel waren größer als mein Selbstwertgefühl, denn mit meinen 55 kg war ich schon fast nur Haut und Knochen.

Aber diese Worte und dass er eine andere schöner fand als mich, ließ mich wieder zurück in seine Arme fallen, es ging nicht um ihn, sondern um mein fehlendes Selbstwertgefühl ...

> *„Das Vergleichen ist das Ende des Glücks und der*
> *Anfang der Unzufriedenheit."*
> *Sören Kirkegard*

Kapitel 19 – Katz- und Mausspiel

Zum ersten Mal in meinen Leben war ich froh, dass der Urlaub vorbei war und ich wieder arbeiten konnte, um ihn nicht zu sehen.

Meine Stimme wurde wieder etwas lauter, ich hatte es leid, nichts zu sagen, und ich hatte endlich wieder Widerworte und wollte wieder Freunde treffen, alles, was ihm natürlich nicht passte.

Selbst in unserer Blase zu Hause funktionierte es nicht mehr und wir stritten nur noch und machten ein Katz-und-Maus-Spiel, das Ziel war, wer die Oberhand behält.

Die Situation war unerträglich und ich ging zum Vermieter und bat um die Kündigung.

Ich nahm all meinen Mut zusammen und erzählte ihm von meinen Gedanken zum Auszug, er war außer sich und warf die Fernbedienung nach mir.

Dann kam die eisige Stille und wir sprachen gar nicht miteinander.

Ich besorgte mir eine Matratze, damit ich nicht mehr bei ihm schlafen musste, und ich suchte nach einer neuen Wohnung.

Ich brauchte nur noch seine Unterschrift und ich machte nur noch das von dem Gegenteil, was er wollte, und eines Abends gab er mir vor Wut, dass ich nicht mehr funktionierte, wie er wollte, die Unterschrift.

Ich war endlich frei, dachte mein Verstand, aber mein Herz war immer noch kaputt …

> *„Sein schönstes Gesicht zeigt der Mensch, wenn er etwas will. Wenn er das nicht bekommt, sein Wahres."*
> *Glaub an dich Selbst.de*

Kapitel 20 – Auszug in meine Heimat der Kindheit

Ich war also räumlich frei von ihm und meine Freunde halfen mir beim Umzug und waren froh, dass ich mich nun endlich von diesem „Monster" befreit hatte – aber meine inneren Dämonen sah niemand.

Am Anfang war viel zu tun, ich packte meine Sachen aus und es war immer wer da zum Helfen.

Doch dann kam die Zeit, wo es wieder still wurde, und ich begann mich wieder einsam zu fühlen.

Freunde zu haben war großartig, aber ich konnte einfach nicht allein sein und sehnte mich nach körperlicher Nähe.

Er hatte sich lang nicht gemeldet und ich schrieb: „Wie geht es dir?" und das war wieder der Startschuss.

Er schrieb, wie er uns vermisse und dass er mich unbedingt sehen wolle.

Ich hatte zwar kein gutes Gefühl dabei, aber die Einsamkeit war größer und der Reiz des Gefährlichen lockte.

Also ließ ich mich auf ein Treffen ein, nur unter der Bedingung, dass er meine Wohnung nicht betreten würde, das war mein Reich, meine Grenze, mein Refugium …

„Manche Leute sind sehr gut darin, die Opferrolle
zu spielen, obwohl sie selbst Täter sind."
Visual Statments

Kapitel 21 – Der Vertrag

Innerlich wusste ich, es war falsch und auch verrückt, aber diese Langeweile in mir siegte und ich traf mich wieder mit ihm.

Mich zog dieses Risiko magisch an und mir fehlte die körperliche Nähe.

Ich schrieb also schon zu Hause einen Vertrag und machte mir Gedanken, was ich wollte und was nicht, wieso wollte ich nur ein Leben wie ein Film?

Erst im Nachhinein denke ich mir, woher kommt diese Sucht nach dem Adrenalin, kam sie wirklich daher, dass mir meine Eltern keine Grenzen gesetzt haben oder von meiner Verzweiflung über meine Durchschnittlichkeit?

Ich schrieb:

<u>Vertrag zwischen …:</u>

Hiermit wird vereinbart, wie in Zukunft Treffen zwischen uns ablaufen.

Wir haben weiterhin keine feste Beziehung, es geht nur um körperliche Nähe und nicht um Emotionales.

Es gibt keine Übernachtungen und in meine Wohnung darfst du nicht hereinkommen.

Es gibt kein Nachspionieren und keine Ansagen, wie ich was zu machen habe, jeder lebt sein Leben, wie er es will.

Es gibt keine Ausflüge, Treffen nur in deiner Wohnung und wir machen viel Sport und ernähren uns gesund.

Unterschrift:

Ich gab ihm den Vertrag und er unterschrieb und ich dachte, so hätte ich meine Grenzen abgesichert.

Es gab nur heimliche Treffen und die Spannung, deshalb war es genau das, was ich brauchte in meinem Leben, das redete ich mir zumindest ein, in Wahrheit war ich einsam, gelangweilt, hatte zu viel Fifty Shades of Grey gelesen und mein inneres Kind war krank.

Unsere Beziehung war toxisch, unsere inneren Dämonen, keine Heilung von zwei kaputten Seelen.

Ich wollte diese heimliche Beziehung, denn ich schämte mich für meine innere Schwäche, immer wieder zurückzugehen.

Eine Zeit lang lief alles gut, aber wir fielen in alte Muster und erst schlief ich mal bei ihm und dann- womit wir die größte Grenze überschritten, er bei mir und ich gab ihm sogar wieder meinen Ersatzschlüssel.

Ich provozierte mein Ende mit Schrecken selbst, sonst hätte ich wohl meine Finger von ihm lassen können, ich musste es erleben und spüren, wie weit er gehen würde ...

„Das Spiel mit dem Feuer ist in erster Linie etwas für jene,
die bereits mit allen Wassern gewaschen sind."
Ernst Ferst

Kapitel 22 – Augen-OP

Mein Leben stand also wieder Kopf und meine innere Stimme wurde immer lauter, dass dieses Abhängigkeitsverhältnis endlich enden musste.

Doch ich steckte wieder voll drin und merkte, dass er wieder klammerte, er wollte mich wieder einsperren.

Also sagte ich ihm, dass ich den Vertrag auflösen und es endgültig beenden möchte.

Er reagierte anders als sonst, er weinte und flehte, dass ich bleiben solle.

Er kam mir vor wie ein verlassenes Kind und ich sah seinen Schmerz und wollte ihn trösten.

Aber nach einem Tag war er wieder der Alte, aggressiv und bestimmend.

Ich nahm meine Sachen und ging.

Diesmal verstand er wohl, dass ich es ernst meinte.

An diesem Abend schrieb er mir 50 Nachrichten, wie sehr er mich brauche, doch ich antwortete nicht.

Am nächsten Tag hatte ich den ersten Brief in meinem Briefkasten und Blumen vor der Tür.

Ich nahm alles und schmiss es weg, ich wollte Ruhe und das düsterste Kapitel in meinem Leben beenden.

Er würde mir das aber nicht so leicht machen, das begann ich zu verstehen.

Weiterhin flehte er mich seit Tagen an, ihn zu seiner Augen-OP zu fahren.

Ich sagte, dass ich es machen würde, aber nicht zurückkommen würde.

Als ich aus dem Auto stieg, drückte er meinen Arm so fest und wollte nicht, dass ich gehe, doch durch seine Augen war er nicht schnell genug und ich rannte und zum ersten Mal hatte ich panische Angst vor ihm.

Er sollte mich einfach in Ruhe lassen, aber das würde er nicht tun.

Das Nachstellen wurde immer schlimmer und ich begann, ein Leben in Angst zu führen, und er war wie besessen, dass ich zurückkomme, aber das würde nicht passieren.

Ich hatte ständig Fotos und Geschenke im Briefkasten, ich schmiss alles weg.

Er klingelte häufig Sturm, sodass ich meine Klingel abstellte.

Ich begann Alpträume zu bekommen und wachte in der Nacht schweißgebadet auf und dachte, er ist in der Wohnung.

Ich verließ die Wohnung nur noch, um auf Arbeit, zum Einkaufen und mit Timmy rauszugehen.

Ich sah ihn an jeder Ecke, durch seine schlechten Augen sah er mich nicht immer gleich und ich wich ihm aus.

Doch einmal passte er mich ab, hielt meinen Arm fest und wollte mich nicht in die Wohnung lassen.

Zum Glück bekam dies ein Nachbar mit und half mir und sagte ihm: „Lass endlich die Frau in Ruhe!"

Dann ging er.

Das war die erste Situation, die ich nicht allein bewältigen konnte, und es sollten weitere folgen.

Ich hatte inzwischen nur noch Angst und ein ständiges Gefühl von Verfolgung, wenn ich ein ähnliches Auto sah das, was er fuhr, zuckte ich zusammen.

Nach der Situation mit dem Nachbarn ließ er mich eine Woche in Ruhe.

Aber das sollte nicht das Ende sein, es wurde noch schlimmer ...

„Wenn es deinen inneren Frieden kostet, ist es zu teuer."
Thomas Dehgan

Kapitel 23 – Nachricht von seiner Frau

Es war die Ruhe vor dem Sturm.

Ich vermutete ihn jeden Moment hinter mir, aber fürs Erste ließ er mich in Ruhe.

Eine andere Nachbarin sprach mich darauf an, ob ich wisse, dass der ältere Mann mich immer beobachtet und sich immer hinter dem Busch versteckt, sie habe ihn sogar schon darauf angesprochen und er sei einfach weggerannt und sie habe sich alles notiert, wann sie ihn gesehen hat, ich bedankte mich bei ihr und bat, es weiter aufzuschreiben, falls ich es mal vor Gericht bräuchte.

Ich ging an meinen Briefkasten und wieder ein Brief, aber diesmal von seiner Frau, sie wollte ihn zurück, ich dachte, dann nimm ihn doch.

Um den Kopf freizubekommen, nahm ich meinen Zwetna-Bolonka Timmy und ging mit ihm spazieren und dann sah ich ihn und erschrak und er sagte mit klarer Stimme: „Verschwinde endlich aus meinem Leben, ich will dich nicht zurück und wenn du der letzte Mann der Welt wärst!"

Und ich ging und fühlte mich so stark, endlich hatte ich ihn wirklich hinter mir gelassen.

Aber durch mein ständiges Zurück und wieder Weg ließ er einfach nicht locker.

Er stand sogar bei meiner Arbeitsstelle vor dem Kindergarten und die Eltern machten sich schon Sorgen, dass er ein Pädophiler wäre.

Ich musste etwas tun, aber ich wollte nicht zur Polizei oder zu Anwälten, soweit war ich noch nicht, diesen Schritt zu gehen.

Ich wollte endlich wieder frei sein, und ich fuhr nichtsahnend zum Sport und der Zeitpunkt war da zum Handeln …

„Die Stürme im Leben: Sie machen keine Unordnung.
Sie räumen auf."
Spruch des Tages.de

Kapitel 24 – Der Schlusspunkt

Ich ging an einem wunderschönen, sonnigen Tag endlich mal wieder zum Sport, um meinen Körper zu spüren und die Musik zu genießen beim Body-Pump-Kurs.

Ich ging vollkommen zufrieden und glücklich aus dem Studio und dort stand er mit seinem Auto.

Ich war außer mir vor Wut und schrie: „Was fällt dir ein mir aufzulauern, lass mich endlich in Ruhe!!!!"

Er sagte: „Ich liebe dich über alles!"

Ich: „Ich hasse dich und empfinde nur noch Mitleid für dich!"

Er, wütend und mitleidig: „Es wird dir noch leidtun, du findest nie wieder wen anderes!"

Ich wollte losfahren mit dem Auto, doch er nahm mir mein Handy sowie Auto- und Wohnungsschlüssel weg.

Ich saß in der Falle und war ratlos, wütend und panisch.

In diesem Moment kam mein Ex-Freund und klärte die Situation: „Gib ihr sofort alles wieder!"

Er gab mir den Autoschlüssel und ich fuhr los, ich sah die beiden im Rückspiegel, wie sie diskutierten und machte mir Sorgen, war völlig aufgelöst und neben mir, in meine Wohnung kam ich auch nicht.

Ich ging zu meiner Cousine, die in meiner Nähe wohnte, und erzählte ihr aufgebracht alles und sie hatte erst Probleme, meine Wortfetzen zu verstehen, aber als sie die Zusammenhänge verstand, nahm sie meine Hand und sagte: „Schluss mit dem Wahnsinn, wir fahren jetzt zur Polizei!"

Wir fuhren zur Polizei und die nahmen alles auf und riefen ihn an, er solle innerhalb von 30 Minuten das Handy und den Wohnungsschlüssel zurückgeben, sonst müsse er eine Nacht in der Zelle verbringen!

Sie hofften, ihn abzufangen und ihm ins Gewissen zu sprechen aber er fuhr schnell mit dem Fahrrad und legte mein Eigentum zurück in meinen Briefkasten.

Ich konnte unmöglich in meine Wohnung zurück und schlief zwei Wochen bei den Eltern meiner Cousine.

Ich ging zur Anwältin und setzte eine einstweilige Verfügung für vier Wochen auf, in der stand, was er alles nicht soll, sich mir nicht auf 50 m annähern, keine Briefe, kein Nachstellen beim Sport oder Arbeitsplatz, und wenn er dies tut, muss er eine Geldstrafe bezahlen.

Die Situation vor dem Fitnessstudio war der große Sturm und zum Glück das Ende unserer Geschichte, es war von einem traumhaften, bilderbuchhaften Start zu einer fürchterlichen Katastrophe geworden, die viel Zeit und Energie kostete.

Es wurde mir bewusst, dass ich nicht nur „Opfer" war, ich ging immer wieder zu diesem kaputten Mann zurück, weil meine Selbstwahrnehmung gestört war und mir Selbstvertrauen fehlte.

Ich wusste, dass diese Erfahrung mein Herz für immer verändern würde, aber ich sah auch die Hoffnung für einen Neuanfang für mich selbst, und an diesem Donnerstag löste ich meine Fesseln an ihn.

Ich war wieder frei und es war viel Erlesenes daran!!!

„Das Geheimnis des Glücks ist die Freiheit,
und das Geheimnis der Freiheit ist der Mut."
Bertolt Breit

Kapitel 25 – Nochmal Umzug

Trotz der Tatsache, dass er mir nicht mehr nachstellte, fühlte ich mich nicht mehr wohl in meiner Heimat und beschloss, einen Neustart zu machen.

Ich zog ca. 30 km weiter weg und richtete mir eine neue Wohnung nach meinen Vorstellungen ein, suchte mir einen neuen Arbeitgeber, schloss einen Vertrag in einem neuen Fitnessstudio ab und ging ich mit meinen Timmy spazieren, um alle Gedanken und Gefühle zu verarbeiten und wieder zur Ruhe zu kommen.

Ich schloss die nötigen Türen hinter mir zu und schaute nach vorne.

Ich sah ihn zum Glück erst viele Jahre später wieder und erschrak kurz, aber wusste es ist für immer vorbei, es gibt nie wieder ein Zurück.

Ich war frei und begann meine Geschichte aufzuschreiben.

In der Anfangszeit hatte ich noch Alpträume und sah überall sein Auto, es ist weniger geworden, aber richtig aufhören wird es nie, denn er hat tiefe Wunden in meinem Herzen hinterlassen und er hat mich auf gewisse Art verändert, ich werde nie wieder ohne Vorbehalte jemandem vertrauen können und ich erkannte, dass aufgrund meines fehlenden Urvertrauens jede Art von Beziehung schwierig werden würde.

Ich ging öfter in meiner Heimat spazieren, dies ließ ich mir nicht von ihm nehmen!

„Zuhause ist da,
wo sich das Herz wohl fühlt.“

Kapitel 26 – Entscheidung für mich

Ich schloss mit ihm ab und sagte mir: „Ich hatte ein Ende mit großem Schrecken, aber ein Ende!"

Ich war nicht nur Opfer, sondern ging immer wieder zu jemandem, der mich nicht gut behandelte, weil ich mich selbst nicht liebte.

Es war ein langer Weg, doch ich musste vor allem mir selbst verzeihen.

Er hatte auch seine Narben, doch er hatte kein Recht, mich so zu behandeln, ich war frei von ihm und ich war es mir selbst schuldig, mich zu finden.

Plötzlich kam mir der Gedanke, dass alles gut wird, dass es nicht darauf ankommt, ob es regnet oder die Sonne scheint, ob ich alleine war oder einen Partner hatte, sondern die Einstellung, die ich zu mir selbst hatte, dass ich mich lieben kann, dann kann nicht viel passieren.

Alles ist ein Versuch.

Ich brauche nur den Mut für den nächsten Tag.

Immer ein Tag nach dem anderen.

Ich machte es mir zu Aufgabe, die kleinen Dinge im Leben zu schätzen und Tag für Tag zu leben, nicht so viel zurückzuschauen und Dinge durchzuziehen.

Mir das Glück zu gönnen und ehrlich zu mir selbst zu sein, die Wahrheit zu sehen, nicht zu stumm zu werden, wenn es schwer wird.

All das ist ein Weg, und ich war bereit, mich auf den Weg zu machen.

Mir war klar, dass es nicht leicht werden und ich immer Rückschritte machen würde, die mich aber immer weniger aus der Bahn werfen würden.

Ich hatte das Leben als Fähnchen im Sturm satt und sehnte mich nach Stabilität.

Ich fing an zu verstehen, dass es Zeit wurde, mich über mich selbst zu definieren und nicht über äußere Einflüsse.

Ich fing an, eine Liebeserklärung an mich selbst zu schreiben, denn nur wer sich selbst liebt, ist bereit, wahrhaftig und aus ganzem Herzen zu lieben.

Ich hatte die innere Unklarheit satt, ich wollte wieder leben.

Ich wollte nicht nur geradeaus gehen, sondern so, wie es mir passte, und in meinem Tempo.

Ich fing an, mir ein inneres Refugium aufzubauen, aber auch immer wieder den Kontakt zur Außenwelt zu suchen und mich meinen Ängsten zu stellen.

Es war eine Suche zu mir selbst, die das ganze Leben nicht endet.

Ich erkannte: „Wer immer nur der bleibt, der er war, wird nie erfahren, wer er ist!"

Und als ich mein erstes Buch zu Ende schrieb, schien die Sonne aus vollem Herzen und ich wusste, es würden noch weitere folgen, und irgendwann würde ich den Mut finden, diese einzuschicken und mit etwas Glück auch zu veröffentlichen, denn ich würde mich vollkommen fühlen und konnte anderen durch meine Erfahrungen Mut machen, dass man sich befreien kann!

„Wer immer nur der bleibt, der er war,
wird nie erfahren, wer er ist!"
Nina Deißler

EIN HERZ FÜR AUTOREN A HEART FOR AUTHORS À L'ÉCOUTE DES AUTEURS MIA KAPΔIA ΓIA ΣYΓΓ
HJÄRTA FÖR FÖRFATTARE UN CORAZÓN POR LOS AUTORES YAZARLARIMIZA GÖNÜL VERELIM SZ
CUORE PER AUTORI ET HJERTE FOR FORFATTERE EEN HART VOOR SCHRIJVERS TEMOS OS AUT(
SERCE DLA AUTORÓW EIN HERZ FÜR AUTOREN A HEART FOR AUTHORS À L'ÉCOL
CORAÇÃO BCEЙ ДУШОЙ K ABTOPAM ETT HJÄRTA FÖR FÖRFATTARE Á LA ESCUCHA DE LOS AUTO
AUTEURS MIA KAPΔIA ΓIA ΣYΓΓPAФEIΣ UN CUORE PER AUTORI ET HJERTE FOR FORFATTERE EEN
YAZARLARIMIZA GÖNÜL VERELIM SZÍVÜNKET AZ ÍRÓINKÉRT SERCE DLA AUTORÓW EIN HERZ FÜ
VOOR SCHRIJVERS TEMOS OS AUTORES CORAÇÃO BCEЙ ДУШОЙ K ABTOPAM ETT HJÄRTA FÖ

Die Autorin

Nach tiefgreifenden privaten und beruflichen Ver-
änderungen beginnt Violetta Alvarez mit 27 Jahren,
die schmerzhaften Seiten ihres Lebens in einem
Buch festzuhalten.

Was in der Jugend mit langen Tagebucheinträ-
gen begann, soll nun als Appell dienen an all die
anderen Frauen, die ähnliche Erfahrungen in ihren
Beziehungen machen.

Violetta Alvarez ist 1987 in Deutschland geboren
und hat nach ihrer pädagogischen Ausbildung
viele Jahre in ihrem Beruf gearbeitet, bevor sie den
Schritt zur Umschulung wagte.

Neben einer kaufmännischen Tätigkeit schafft sie
sich nun neben Beruf den Raum, als Autorin ihre
Geschichte zu erzählen.

In der Zeit, die überdies noch bleibt, treibt sie
gerne Sport, wandert, tanzt und beschäftigt sich
liebevoll mit ihren Hunden.